Ceci y Ciso

por Carlos Ulloa • ilustrado por Kellie Lewis

Destreza clave Sílabas con *ce, ci*
Palabras de uso frecuente *los, esta*

Scott Foresman
is an imprint of

PEARSON

Yo veo a Ceci.

Yo veo a Ciso.

Los dos son amigos.

Ese es el cepillo de Ceci.

Ese es el cepillo de Ciso.

Mira a Ceci en la casa de Ciso.

Mira a Ciso en la casa de Ceci.

Este es el palo de Ceci.

Este es el palo de Ciso.

Mira a Ciso en su casa.

Mira a Ceci en su casa.

Esta es la cena de Ceci.

Esta es la cena de Ciso.

Ceci está donde está Ciso.

Ciso está donde está Ceci.

Los dos son amigos.